Andersentag-Buch 2012

Ein Lesebuch zum Andersentag

Wir danken der Firma Theiss Gmbh,
die sich bereit erklärt hat,
den Druck des Buches zu unterstützen.

Druckerei
Theiss GmbH

ISBN 978-3-85103-176-8
Verlag Hauptverband des Österreichischen Buchhandels / Arbeitsgemeinschaft österreichischer Kinder- und Jugendbuchverleger, Wien
Bearbeitung Inge Auböck (Die Beiträge wurden teilweise gekürzt)
Umschlaggestaltung Carola Holland
Satz und Layout Christian Hochmeister
Druck Druckerei Theiss GmbH, St. Stefan

Zum Andersentag 2012

Am 2. April, dem Geburtstag des dänischen Märchendichters Hans Christian Andersen, wird auf der ganzen Welt der Internationale Kinderbuchtag gefeiert: der Andersentag. Hans Christian Andersen war nämlich der erste große Märchendichter, der nicht nur für Erwachsene schreiben wollte, sondern ausdrücklich auch für Kinder. Er hat Kinder ernst genommen – und das war zu jener Zeit – vor fast 200 Jahren – etwas Besonderes. Heute gibt es viele berühmte Kinderbuchautoren, die für euch schöne und kluge Bücher schreiben, und die lesen dann sogar Erwachsene gerne!

Vor 14 Jahren hat es zum ersten Mal ein „Andersentag-Buch" gegeben – mit Kostproben aus besonderen Büchern, die die österreichischen Kinderbuchverleger seither jedes Jahr aus ihrer Produktion für euch aussuchen. Sie wollen euch Lust aufs Lesen machen!
Vielleicht gefällt euch ja in diesem Andersentag-Buch die eine oder andere Geschichte oder auch eines der Märchen und ihr möchtet dann das ganze Buch lesen?

Das Andersentag-Buch 2012 ist ein Geschenk deiner Buchhandlung. Deine Buchhändlerin oder dein Buchhändler zeigen dir gerne alle besonderen Bücher zum Andersentag und wünschen dir viel Spaß beim Lesen!

Inhalt

Heinz Janisch
7   Die Froschkönigin

12 Der Kater und die Füchsin
    Ein Märchen aus Russland

    Richard Bamberger
19 Die sieben Raben
    Ein Märchen der Gebrüder Grimm
23 Junker Prahlhans
    Ein Märchen aus der Schweiz

    Andrea Karimé
27 Der Onkel im Baum

    Saskia Hula
35 Attila, König der Angeber

    Brigitte Jünger
43 Käfersommer

    Franz Sales Sklenitzka
49 Die Legende vom Ötscher

    Markolf Hoffmann
57 Ines öffnet die Tür

Heinz Janisch
Die Froschkönigin

Es war einmal eine Prinzessin, die fühlte sich sehr unglücklich.

„Ich will nicht länger allein im großen Schloss wohnen. Ich will nicht länger allein im breiten Bett schlafen. Ich will nicht länger allein spazieren gehen! Ich will einen Prinzen.

Eine echte Prinzessin braucht einen Prinzen!"

Die Prinzessin ging wütend auf und ab.

„Es muss doch irgendwo in diesem Land einen brauchbaren Prinzen geben!", rief sie laut.

„Prinzen sind selten geworden", sagte ihre Freundin.

„Ich kenne nur drei. Der eine ist soeben von einem Feind vergiftet worden, der andere muss gerade Krieg führen und der dritte ist verheiratet und hat drei Kinder."

„Ich will nicht länger allein im großen Schloss wohnen. Ich will nicht länger allein im breiten Bett schlafen. Ich will nicht länger allein spazieren gehen! Ich will einen Prinzen!",

schrie die Prinzessin noch lauter.

„Einen Prinzen kenne ich noch", überlegte die Freundin der Prinzessin.

„Er ist sehr schüchtern. Er wohnt in einem winzigen Schloss, mitten im Wald. Das Schloss ist moosgrün, wie aus Samt, und der Prinz – so sagt man – will nichts anderes tun, als den ganzen Tag durch den Wald gehen, den Vögeln zuhören und im Teich baden."

„Besser ein schüchterner Prinz als gar keiner", sagte die

Prinzessin und sofort setzte sie sich hin und schrieb einen Brief.

„Lieber schüchterner Prinz! Verlass dein moosgrünes Schloss und komm zu mir. Ich habe ein prunkvolles Schloss und will dich heiraten. Wenn du nicht kommst, dann schicke ich meine rostigen Ritter aus, damit sie dich holen."

Die Boten ritten aus und schon nach wenigen Stunden hatte der Prinz den Brief in der Hand.

„Hör dir das an", sagte der Prinz zu seinem Freund, dem Frosch.
„Die Prinzessin aus dem großen Schloss will mich heiraten. Das ist eine schöne Bescherung. Ich gehe keinen Zentimeter weg von hier, und wenn mich die rostigen Ritter holen und zu Tode kitzeln. Ich bleibe hier."

Ob es der Prinzessin gelingt, den schüchternen Prinzen zu überreden, sie zu heiraten, das erfährst du in diesem heiteren besonderen Buch zum Andersentag mit den wunderschönen Farbbildern: Heinz Janisch, Die Froschkönigin, Annette Betz Verlag, Wien – München 2012

Heinz Janisch

1960 in Güssing geboren, hat Publizistik und Germanistik studiert, arbeitet als Redakteur, Moderator und Gestalter von Sendungen für den ORF-Hörfunk. Veröffentlichte zahlreiche Bücher, unter anderem Erzählungen und Bilderbücher für Kinder, die vielfach preisgekrönt und mehrfach übersetzt wurden. Janisch ist einer der bekanntesten österreichischen Kinderbuchautoren der Gegenwart.

Illustrationen
Barbara Korthues

1971 in der Nähe von Münster geboren, studierte Visuelle Kommunikation mit dem Schwerpunkt Illustration und freie Grafik in Münster. Seit 1996 illustriert sie vor allem Kinder- und Jugendbücher für verschiedene Zeitschriften- und Buchverlage.
Bei Ueberreuter erschienen:
„Sinan und Felix".

Der Kater und die Füchsin
Ein Märchen aus Russland

Ein Bauer hatte einen Kater, der so viel Unfug trieb, dass es zum Verzweifeln war. Eines Tages wurde es dem Mann zu viel, also trug er das Tier in den Wald und ließ es dort zurück.

Der Kater spazierte gemächlich durch den Wald, da kam eine Füchsin des Weges. Als sie den Kater sah, wunderte sie sich: „Mein Lebtag ist mir ein solches Tier noch nicht untergekommen."

Sie verneigte sich zum Gruß und fragte den Kater:

„Wer bist du, so edel und schön? Wie ist dein Name?"

Der Kater richtete seine Barthaare auf und antwortete mit stolzgeschwellter Brust:

„Ich bin Kater Katerich und stamme aus den sibirischen Wäldern."

„Komm doch mit zu mir nach Hause, Kater Katerich."

So brachte die Füchsin den Kater in ihren Bau, und von da an verbrachten sie ihr Leben miteinander.

Am nächsten Tag ging die Füchsin in den Wald, denn die Speisekammer musste gefüllt werden, der Kater aber blieb zu Hause.

Im Wald begegnete ihr der Wolf.

„Wo hast du die ganze Zeit gesteckt, Frau Fuchs?", fragte der Wolf.

„Ich habe geheiratet."

„Und wer ist der Glückliche?"

„Der Kater Katerich. Er kommt von sehr weit her, aus den sibirischen Wäldern."

„Willst du ihn mir nicht vorstellen?"

„Aber natürlich. Doch mein Kater Katerich ist ein rechter Wüterich und wen er nicht riechen kann, frisst er sogleich mit Haut und Haar. Komm uns besuchen, dann mache ich euch miteinander bekannt. Aber ich rate dir, bring ein Geschenk mit!"

Die Füchsin setzte ihren Weg fort und begegnete dem Bären.

„Wo hast du die ganze Zeit gesteckt, Frau Fuchs? Ich habe dich schon lange nicht mehr gesehen."

„Ich habe geheiratet."

„Und wer ist der Glückliche?"

„Der Kater Katerich. Er kommt von sehr weit her, aus den sibirischen Wäldern."

„Willst du ihn mir nicht vorstellen?"

„Aber natürlich. Doch mein Kater Katerich ist ein rechter Wüterich und wen er nicht riechen kann, frisst er sogleich mit Haut und Haar. Komm uns besuchen, dann mache ich euch miteinander bekannt, aber ich rate dir, bring ein Geschenk mit!"

So holte der Wolf ein Schaf, und der Bär schleppte gar einen ganzen Ochsen an.

„Guten Tag, lieber Boris Bär!"

„Guten Tag, lieber Wolf Wolfowitsch! Hast du die Füchsin und ihren Kater Katerich irgendwo gesehen?", fragte der Bär.

„Nein, mein Freund, und ich stehe schon lange da."

„Geh sie doch suchen."

„Nein, das traue ich mich nicht, Boris Bär. Geh doch selbst, du bist mutiger als ich."

„Nein, lieber Wolf Wolfowitsch, ich trau mich auch nicht."

Wie aus dem Nichts tauchte plötzlich ein Hase auf.

Der Bär rief ihm zu:

„Hierher, Hoppel, schnell, komm her!"
Der Hase bekam es mit der Angst zu tun und hoppelte zu den beiden hin.
„Weißt du, wo Frau Fuchs wohnt, Hoppel?"
„Natürlich weiß ich das, Boris Bär."
„Geh schnell und bestelle der Frau Fuchs, dass Boris Bär und Wolf Wolfowitsch schon lange auf sie und Kater Katerich warten. Und dass wir Geschenke mitgebracht haben, sag ihr auch."
Der Hase sauste wie der Blitz zur Füchsin. Der Bär und der Wolf hingegen überlegten, wo sie sich am besten verstecken konnten.
„Ich werde auf die Kiefer klettern", meinte der Bär.
„Und wo soll ich hin?", fragte der Wolf. „Ich kann doch auf keinen Baum klettern. Du musst mich irgendwo verstecken, Boris Bär."
Der Bär setzte den Wolf ins Gestrüpp und bedeckte ihn mit trockenem Laub, dann kletterte er auf die Kiefer und hielt Ausschau nach Kater Katerich.
Indessen kam der Hase zur Füchsin und sagte:
„Boris Bär und Wolf Wolfowitsch schicken mich, um dir zu bestellen, dass sie schon lange auf dich und Kater Katerich warten und dass sie euch Geschenke mitgebracht haben."
„Lauf zurück, Hoppel, und sag ihnen, dass wir gleich kommen", trug ihm die Füchsin auf.
Endlich erschienen der Kater und die Füchsin.
Bei ihrem Anblick flüsterte der Bär dem Wolf zu:
„Da kommen ja Frau Fuchs und Kater Katerich. Groß ist der aber nicht gerade!"
Der Kater sah den mitgebrachten Ochsen, sträubte das Fell, stürzte sich auf ihn und riss ihn laut miauend mit Zähnen und Krallen in Stücke.

Doch der Bär hörte statt „Miau, miau!" „Mehr, mehr!" und bekam es mit der Angst zu tun.

„Groß ist er zwar nicht, dafür aber unersättlich", dachte der Bär. „Zu viert hätten wir den Ochsen nicht verputzen können, er aber will mehr!"

Auch der Wolf wollte einen Blick auf Kater Katerich erhaschen, durch das Laub hindurch konnte er allerdings nichts sehen.

Er streckte seine Nase hinaus, und als der Kater das Rascheln hörte, dachte er, es sei eine Maus. Sogleich stürzte er hin und krallte sich an der Schnauze des Wolfs fest.

Der Wolf sprang auf und rannte so schnell er konnte davon. Dem Kater aber fuhr der Schreck in die Glieder. In Windeseile kletterte er auf die Kiefer, wo der Bär saß.

Der Bär dachte, nun sei er an der Reihe und sein letztes Stündlein habe geschlagen. Mit einem Satz sprang er von der Kiefer und machte sich aus dem Staub.

Und die Füchsin schrie den beiden hinterher:

„Passt nur auf! Kater Katerich wird's euch noch zeigen!"

Seither wird der Kater von allen Tieren im Wald gefürchtet.

Übersetzt von Claudia Zecher

Dieses besondere Buch zum Andersentag mit den vielen bunten Bildern kommt aus Russland und ihr findet hier viele lustige und spannende Märchen zum Vorlesen und Selberlesen: Russische Märchen, Verlagshaus Mescheryakov, Wien 2011

ILLUSTRATIONEN
German Iwanowitsch Ogorodnikow

1938 in Marijskaja (UdSSR) geboren, ist russischer Maler, Grafiker und Cartoonist und studierte an der Kunstschule Kazan. Seine Arbeiten für das Satiremagazin „Krokodil" machten ihn zu einem der bekanntesten und beliebtesten Zeichner des Landes. Mehrere Generationen von russischen Kindern sind mit seinen Illustrationen aufgewachsen.

Richard Bamberger
Die sieben Raben
Ein Märchen der Gebrüder Grimm

Ein Mann hatte sieben Söhne und immer noch kein Töchterchen, so sehr er sich's auch wünschte. Endlich gab ihm seine Frau wieder gute Hoffnung zu einem Kinde, und wie's zur Welt kam, war's auch ein Mädchen. Die Freude war groß. Aber das Kind war schwach und klein und sollte die Nottaufe erhalten. Der Vater schickte einen der Knaben zum Brunnen, Taufwasser zu holen. Die andern sechs liefen mit. Und weil jeder der Erste beim Schöpfen sein wollte, so fiel ihnen der Krug in den Brunnen.

Da standen sie und wussten nicht, was tun, und keiner getraute sich heim.

Als sie immer noch nicht zurückkamen, ward der Vater ungeduldig und sprach: „Gewiss haben sie's wieder über ein

Spiel vergessen." Es ward ihm Angst, das Mädchen müsste ungetauft sterben, und im Ärger rief er: „Ich wollte, dass die Jungen alle zu Raben würden."

Kaum war das Wort ausgeredet, so hörte er ein Geschwirr über seinem Haupt in der Luft. Er blickte in die Höhe und sah sieben kohlschwarze Raben auf- und davonfliegen.

Die Eltern konnten die Verwünschung nicht mehr zurücknehmen. Und so traurig sie über den Verlust ihrer sieben Söhne waren, trösteten sie sich doch einigermaßen mit ihrem lieben Töchterchen, das bald zu Kräften kam und mit jedem Tag schöner wurde.

Es wusste lange Zeit nicht einmal, dass es Geschwister gehabt hatte, bis es eines Tages die Leute von sich sprechen hörte: „Das Mädchen ist wohl schön, aber eigentlich ist es schuld an dem Unglück seiner sieben Brüder."

Da ward es ganz betrübt, ging zu Vater und Mutter und fragte: „Habe ich wirklich Brüder gehabt? Wo sind sie hingeraten?"

Nun durften die Eltern das Geheimnis nicht länger verschweigen, sagten aber: „Du bist nicht schuld, es war ein Unglück, das der Himmel über uns geschickt hat."

Allein das Mädchen hatte nicht Ruhe und Rast, bis es sich heimlich aufmachte und in die weite Welt ging, seine Brüder zu suchen und zu befreien. Es nahm nichts mit sich als ein Ringlein von seinen Eltern zum Andenken, einen Laib Brot für den Hunger, ein Krüglein Wasser für den Durst und ein Stühlchen für die Müdigkeit.

Nun ging es immerzu, weit, weit, bis an der Welt Ende. Da kam es zur Sonne, aber die war zu heiß. Eilig lief das Mädchen weg und lief hin zum Mond, aber der war gar zu kalt und auch grausig und bös.

Als er das Kind bemerkte, sprach er: „Ich rieche, rieche Menschenfleisch."

Da machte es sich geschwind fort und kam zu den Sternen. Die waren ihm freundlich und gut und jeder saß auf seinem Stühlchen.

Der Morgenstern aber stand auf, gab ihm ein Hinkelbeinchen und sprach: „Wenn du das Beinchen nicht hast, kannst du den Glasberg nicht aufschließen, und in dem Glasberg, da sind deine Brüder."

Das Mädchen nahm das Beinchen, wickelte es in ein Tüchlein und ging wieder fort, so lange, bis es an den Glasberg kam. Das Tor war verschlossen, und es wollte das Beinchen hervorholen. Aber wie es das Tüchlein aufmachte, war es leer, und es hatte das Geschenk der guten Sterne verloren. Was sollte es nun anfangen? Da nahm das gute Schwesterchen ein Messer, schnitt sich ein kleines Fingerchen ab, steckte es in das Tor und schloss glücklich auf.

Als es hineingegangen war, kam ihm ein Zwerglein entgegen, das sprach: „Mein Kind, was suchst du?"

„Ich suche meine Brüder, die sieben Raben", antwortete es.

Der Zwerg sprach: „Die Herren Raben sind nicht zu Haus, aber willst du hier so lang warten, bis sie kommen, so tritt ein."

Darauf trug das Zwerglein die Speise der Raben herein auf sieben Tellerchen und in sieben Becherchen. Von jedem Tellerchen aß die Schwester ein Bröckchen, und aus jedem Becherchen trank sie ein Schlückchen. In das letzte Becherchen aber ließ sie das Ringlein fallen, das es mitgenommen hatte.

Auf einmal hörte sie in der Luft ein Geschwirr. Da sprach das Zwerglein: „Jetzt kommen die Herren Raben heimgeflogen." Da kamen sie, wollten essen und trinken und suchten ihre Tellerchen und Becherchen. Da sprach einer nach dem andern: „Wer hat von meinem Tellerchen gegessen? Wer hat aus meinem Becherchen getrunken, das ist eines Menschen Mund gewesen."

Und wie der siebente auf den Grund des Bechers kam, rollte ihm das Ringlein entgegen. Da sah er es an und erkannte, dass es ein Ring von Vater und Mutter war, und sprach: „Gott gebe, unser Schwesterlein wäre da, so wären wir erlöst."

Als das Mädchen, das hinter der Tür stand und lauschte, den Wunsch hörte, trat es hervor, und da bekamen alle die Raben ihre menschliche Gestalt wieder. Und sie herzten und küssten einander und zogen fröhlich heim.

Junker Prahlhans
Ein Märchen aus der Schweiz

Ein König hatte einen Edelknecht, den nannte man Junker Prahlhans, weil er immer viel versprach und wenig hielt. Am Hofe des Königs aber lebte auch ein Spaßmacher, der wollte den Prahlhans bessern. Und das ging so:

Eines Tages hätte der König gern gebratene Vögel gegessen und sagte zum Junker: „Hans, geh hinaus in den Wald und schieße mir zehn Vögel für meinen Tisch!"

Der Junker aber sprach: „Nicht nur zehn, hundert Vögel will ich dir schießen."

„Gut", sagte der König, „wenn du ein so guter Schütze bist, so bringe mir hundert, sollst für jeden eine Silbermünze haben."

Der Spaßmacher hörte das und ging dem Junker voraus in den Wald, rief die Vögel und sprach:

„Ihr Vöglein, flieget alle fort!
Hans Großmaul kommt an diesen Ort,
 möcht' hundert Vögel schießen."

Als Junker Hans in den Wald kam, da konnte er keinen Vogel sehen, denn sie hatten sich alle in ihren Nestern versteckt. Und als er mit leeren Taschen zurück zum König kam, wurde er hundert Tage lang ins Gefängnis gesperrt, weil er sein Wort nicht gehalten hatte.

Als er wieder frei war, sagte eines Tages der König: „Ich möchte heute fünf Fische auf meinem Tisch haben."

Da dachte Hans an seine hundert Tage Gefängnis und tat seinen Mund nicht so weit auf: „Ich will dir fünfzig Fische fangen."

Sprach der König: „Wenn du ein so guter Fischer bist, so fange mir fünfzig, sollst für jeden ein Goldstück haben."

Da ging der Spaßmacher hinaus an den See, rief den Fischen und sprach:

„Ihr Fischlein, schwimmet alle fort!
Hans Großmaul kommt an diesen Ort,
möcht' fünfzig Fische fangen."

Und als der Junker an den See kam, da konnte er kein Fischlein fangen, sie waren alle ans andre Ufer hinübergeschwommen. Und da er mit leeren Taschen nach Hause kam, ließ ihn der König fünfzig Tage lang einsperren, weil er sein Wort nicht gehalten hatte.

Als die fünfzig Tage um waren, sagte der König: „Ich möchte einen Hasen für meinen Tisch haben."

Junker Hans dachte an sein Gefängnis und sagte: „Herr, ich will dir wenigstens zehn Hasen bringen."

Sprach der König: „Wenn du ein so guter Jäger bist, so jage mir zehn. Sollst für jeden ein großes Goldstück haben."

Da ging der Spaßmacher hinaus in den Wald, rief die Hasen und sagte:

„Ihr Häschen, springet alle fort!
Hans Großmaul kommt an diesen Ort,
möcht' gern zehn Hasen jagen."

Und als der Junker kam, konnte er den ganzen Tag keinen Hasen jagen. Der König ließ ihn zehn Tage lang einsperren, weil er sein Wort nicht gehalten hatte.

Als er wieder frei war, sprach der König: „Ich möchte einen Hirsch für meinen Tisch haben." Da dachte der Junker an seine Leiden, die ihm seine Prahlerei gekostet hatte, und er sagte bescheiden: „Ich will hingehen und schauen, ob ich einen Hirsch erlegen kann."

Und er ging hin und schaute und konnte wirklich einen Hirsch erlegen und brachte ihn mit Freuden dem König.

Der lachte und sprach: „Wenn man nichts Unmögliches verspricht, so ist das Worthalten leicht."

Von nun an war der Junker bescheiden und versprach nie mehr, als er halten konnte.

Dieses besondere Buch zum Andersentag ist ein richtig dickes Märchenbuch mit vielen lustigen und spannenden Märchen zum Vorlesen, aber auch für Kinder, die gerade Lesen lernen und dabei Spaß haben wollen: Richard Bamberger, Mein erstes großes Märchenbuch, G&G Verlag, Wien 2011

Richard Bamberger (1911 - 2007)

war österreichischer Jugendbuch-Fachmann, Autor, Herausgeber, Lesepädagoge und Schulbuchforscher. Sein Wirken auf diesen Gebieten fand auch internationale Anerkennung. 1948 gründete er den Österreichischen Buchklub der Jugend. Als Herausgeber veröffentlichte er unter anderem in Zusammenarbeit mit seiner Frau Maria die nach Altersstufen geordneten Märchensammlungen „Mein erstes, zweites und drittes großes Märchenbuch" (wurden vielfach übersetzt) und „Grimm Märchen. Mein erstes, zweites und drittes Buch".

ILLUSTRATIONEN
Emanuela Delignon, geb. Wallenta,

1930 geboren, besuchte die Graphische Lehr-und- Versuchsanstalt und war zunächst in der Werbung tätig. Seit 1955 ist sie Illustratorin. Ihre Illustrationen wurden mehrfach ausgezeichnet, u. a. 1961mit dem Illustrationspreis zum Österreichischen Staatspreis für Kinder-und Jugendliteratur für R. Bambergers „Mein erstes großes Märchenbuch".

Andrea Karimé
Der Onkel im Baum

„Ein Onkel kann nicht im Baum wohnen, Papa", meinte Mina und zeigte ihrem Vater einen Vogel. Natürlich heimlich hinter seinem Rücken. Piep, piep!

„Wirst du ja sehen. Komm jetzt mit. Du musst ihn kennenlernen", lachte ihr Vater und zog sie hinter sich her.

Langsam wurden diese Ferien anstrengend. Sieben elend lange Tage waren sie mit dem Auto unterwegs gewesen. Mama, Papa, Mina und Fatou, ihr kleiner Bruder. Nur um in dieser schrecklichen Libanonhitze zu landen. Zum ersten Mal. Im Libanon, Papas Heimat. Jetzt gingen sie die Dorfstraße entlang an einer Bäckerei vorbei. Ein Wind, so heiß wie ein Föhn, blies Kuchenduft in Minas Nase.

„Onkel Mustafa hat sich wirklich ein kleines Haus in den Baum gebaut."

Das klang märchenhaft.

„In deinem Land schwitzt man aber!", stöhnte Mina. Und man musste dauernd irgendwelche Verwandten besuchen. Sie bogen in eine kleine Straße ab.

„Zumindest im Sommer. Schau mal da!", sagte ihr Vater plötzlich. „Hier wohnt deine Tante Farila. Und gleich gegenüber geht es zum Meer." Papa zeigte auf einen Olivenhain.

„Lass uns doch da hingehen und baden, Papa!", quengelte Mina.

„Dort kann man nicht baden. Dazu fahren wir woandershin. Aber nun sind wir da!"

Mina sah eine große Wiese mit Schafen. Die Tiere blökten sie an.

„Ach, sind die süß!" Mina lief gleich hin und versteckte

ihre Hände in dem kuscheligen Fell. Trotz der Hitze.

„Mein lieber Onkel Mustafa!" Minas Vater ging auf einen alten Mann zu. Er saß auf einem Teppich inmitten der Wiese. An einen Baum gelehnt.

Der Mann stand auf und winkte mit seinem Stock. „Herzlich willkommen, mein lieber Sohn! Was hast du nur für eine schöne, große Tochter!"

Das also war Onkel Mustafa. Mina mochte ihn sofort. Er war der erste Verwandte, der keinen Glitschkuss von ihr wollte. Rechts, links, rechts, und immer so weiter. So machten es Oma und die Tanten.

Onkel Mustafa lachte sie mit ganz vielen Zahnlücken an, und auf dem Kopf hatte er Haare wie Wolkenschaum. Und seine Hose sah ziemlich merkwürdig aus. Wie ein Rock. Nur unten zugenäht, mit zwei Löchern für die Beine.

„Gib deinem Onkel die Hand!", sagte Minas Vater.

„Ach, was soll denn der Blödsinn. Lass sie doch ihre Hand behalten. Ich habe ja selber zwei davon", sagte der Onkel augenzwinkernd.

Mina kicherte und streckte die Hand aus. „Friede sei mit dir, Onkel", sagte sie.

„Friede sei mit dir, mein Mädchen. Wo ist denn deine Mutter?"

„Meiner Mutter ist zu heiß. Und mein Bruder spielt mit Onkel Tarik."

„Aha, aber du bist mitgekommen, das ist gut! Sieh mal: Das ist mein Haus, das ist mein Olivenbaum, und das sind meine Schafe. Und alles möge nun auch dein sein", sagte der Wolkenonkel freundlich.

So ein lieber alter Onkel, dachte Mina. „Aber Onkel, du musst mir doch nicht gleich alles schenken! Das brauchst du doch noch."

„Aber nein, Mina, mein Schatz, das sagt man halt so bei uns im Libanon", erklärte Minas Vater lächelnd.

„Ach was, mein Haus, das brauche ich sowieso nicht mehr. Ich schlafe ohnehin meistens in meinem Olivenbaum", winkte der Onkel lachend ab.

Das wollte Mina natürlich sehen. Sie schaute nach oben und entdeckte es in der Baumkrone. Ein richtiges kleines Haus.

„Im Moment wohnen dort sieben kleine Kätzchen mit ihrer Mutter. Die Armen, sie wussten nicht, wo sie bleiben sollten, und deshalb habe ich ihnen mein Haus vermietet."

Ein Haus an Katzen vermietet?

„Onkel, ich habe dir schon hundertmal gesagt, dass du die Katzen nicht so gut behandeln sollst", schimpfte Minas Vater.

„Jedes Tier ist von Allah geschaffen", protestierte der Onkel.

„Dann schläfst du also nicht im Baum?", fragte Mina.

„Nein, dafür habe ich ja meinen Teppich. Es ist sehr gesund, darauf zu schlafen."

Der schmutzige kleine Teppich leuchtete in der Mitte rot wie der Abendhimmel. Auf dem Teppich dampfte eine schwarze Teekanne auf einem Feuerchen. Mina schaute neugierig zu, wie Mustafa den Tee zubereitete. Der Wolkenonkel steckte ein komisches braunes Stöckchen in die Kanne.

„Das sind keine Stöckchen", sagte der Onkel und lachte sich halb kaputt, als Mina nachfragte. „Das sind Zimtstangen."

Ach so! Mina fand das alles total gemütlich.

„Trink Tee, mein Sohn. Und du auch, meine Tochter."

Onkel Mustafa schüttete den braunen Tee in kleine Gläser. Mina rümpfte die Nase. Tee bei der Hitze!

Doch als ob der Wolkenonkel Gedanken lesen konnte, sagte er: „Mina, der heiße Tee ist ein Zauberer, er erfrischt in der Hitze. Das musst du ausprobieren."

Mina nahm sich eines der Gläser mit goldenem Rand.

„Nimm so viel Zucker, wie du willst", sagte Onkel Mustafa.

Mina schielte zu ihrem Vater. Gingen auch drei Teelöffel? Papa sagte nichts. Also schüttete Mina drei volle Löffel in den Tee. Dann pustete sie kräftig. Er schmeckte gar nicht übel. Sehr süß und wunderbar nach Zimt.

Während sich der Onkel mit dem Vater unterhielt, spähte Mina immer wieder einmal nach den Kätzchen. Nach drei weiteren Schlucken Tee fragte sie: „Darf ich mal ins Baumhaus klettern, Onkel?"

„Aber natürlich!", rief Onkel Mustafa fröhlich. „Wenn du nicht sofort hochkletterst, werde ich dir eigenhändig den Hintern versohlen. Los, los!"

Das ließ sich Mina nicht zweimal sagen. Wie der Wind war sie oben und bewunderte die Kätzchen. Sie waren so klein wie Birnen, hatten jedoch riesige Nasen und Ohren. Sie schleckten Mina die Hand ab.

„Papa, ich kriege eine Gänsehaut."

„Nimm dir ruhig ein Kätzchen mit!", rief Onkel Mustafa plötzlich hoch.

„Au ja!", rief Mina. „Darf ich, Papa?"

Doch nun hob Minas Vater den Zeigefinger und fuchtelte damit wild in der Luft herum! Er regte sich richtig auf.

„Kommt ja gar nicht in Frage! Reicht es nicht, dass die vielen Katzen dir die Haare vom Kopf gefressen haben? Schau doch deine Glatze mal an. Meine Tochter ist entschieden zu jung dafür."

„Mein Sohn, hast du nicht mehr Verstand, als in deine Hand passt? Ich bin ein alter Mann, nur deshalb fallen mir die Haare langsam aus. Und wie um alles in der Welt soll ich mir das selber denn anschauen? Tztztz!"

Er blickte freundlich zu Mina hoch.

„Nun gut! Du kannst ja immer wiederkommen und hier mit den Kätzchen spielen, Mina Augenstern."

Ja, und dann? Mina traute ihren Augen nicht. Onkel Mustafa streckte Minas Vater doch glatt die Zunge raus. Wirklich die Zunge. Ganz schön frech!

Was würde Papa jetzt wohl machen? Gespannt schaute Mina ihn an. Aber der lachte nur.

„Onkel, Onkel, typisch Onkel Mustafa."

Jetzt lachte auch Mina. Sie kletterte aus dem Baumhaus herunter.

„Nun, mein Kind, wie gefällt dir denn der Libanon, das Land deines Vaters?", fragte Onkel Mustafa.

„Sehr gut", sagte Mina. „Vor allem dein Baumhaus!"

Ihr fiel plötzlich ein, dass sie gestern Nacht einen riesigen Mond gesehen hatte. Viel größer als in Deutschland. „Onkel, euer Mond sieht aus wie ein Spiegelei."

Der Onkel lachte so sehr, dass er sich fast verschluckte.

Aber was war das? Die Sonne steckte schon fast zur Hälfte im Meer. Wie eine Orangenscheibe in blauem Eis. Langsam rutschte die Orangenscheibe immer weiter hinein. Dann war sie weg, und es war ganz dunkel. War es schon so spät? Immer schwärzer wurde es plötzlich um sie herum.

„Ist denn schon Abend?", fragte Mina entgeistert.

Ihr Vater zwinkerte geheimnisvoll.

„Eben hat doch noch die Sonne geschienen", beharrte Mina.

„Mach dir keine Sorgen, Mina, Schatz. Bei Onkel Mustafa fährt die Zeit manchmal mit dem Bus weg."

„Papa, sei doch nicht so geschichtenhaft!", antwortete Mina ein wenig genervt. Um sie herum war es nachtschwarz geworden, und über ihr schwebte inzwischen der riesige Mond. Orange wie ein Spiegelei.

Der Onkel beobachtete sie. „Dass du den Mond überhaupt noch siehst, hast du nur deinem alten Onkel zu verdanken."

Was?

„Ja, ich habe ihn doch damals vor dem Ertrinken gerettet!" Der Onkel ordnete sein Wolkenhaar.

Mina schlug sich ungläubig die Hand vor den Mund.

„Ich erzähl's dir, mein Kind. Aber nimm doch einfach noch ein wenig Tee."

Sehr merkwürdig, dachte Mina. Aber diese Reise war anscheinend keine normale Reise.

Während Mina den Tee mit vier Löffeln Zucker umrührte, begann Onkel Mustafa seine Geschichte zu erzählen …

Die Geschichte, wie Onkel Mustafa den Mond vor dem Ertrinken gerettet hat, ist nur eine von vielen fantastischen Geschichten, die er in diesem besonderen Buch zum Andersentag aus seinem Leben erzählt: Andrea Karimé, Tee mit Onkel Mustafa, Picus Verlag, Wien 2011

Andrea Karimé

1963 geboren, ist deutschlibanesischer Herkunft, studierte Musik- und Kunsterziehung in Kassel und war Volksschullehrerin. Heute lebt sie als freie Schriftstellerin und Geschichtenerzählerin in Köln und Kairo. Bei Picus erschienen sind folgende Bücher: „Nuri und der Geschichtenteppich", „Die Zauberstimme", „Soraya, das kleine Kamel", „Soraya entdeckt das Meer", „Kaugummi und Verflixungen".

ILLUSTRATIONEN
Annette von Bodecker-Büttner

1965 in Bützow geboren, studierte das Fach Maskenbild in Dresden und Leipzig und ist seit 2001 freischaffende Illustratorin. Sie illustrierte vier Bücher von Andrea Karimé im Picus Verlag.

Saskia Hula
Attila, König der Angeber

Dies ist die Geschichte von Attila, dem Angeber.
Natürlich kommen in der Geschichte noch viele andere Leute vor.
Leo zum Beispiel.
Oder Frau Serafin.
Aber keiner von ihnen macht sich schon im ersten Satz wichtig.
Keiner von ihnen muss unbedingt auf dem Buchumschlag stehen.
Keiner, wirklich keiner drängt sich ständig vor – außer Attila, dieser Angeber!

Und auch jetzt – merkt ihr es? – reden wir dauernd nur von ihm.
So ist das bei Angebern.
Und dann ist Attila ja nicht nur irgendein kleiner, mieser Angeber.
Er ist ein besonders großer und gewaltiger Angeber!
Vielleicht einer der größten Angeber auf der Welt!
Wenn nicht der allergrößte.
Der König der Angeber!

Und merkt ihr, wie gut das zu ihm passt?

Er kann es einfach nicht lassen, sich immer noch wichtiger und noch großartiger zu machen, als er es sowieso schon ist.

Nun, wir werden ihn nicht ändern, diesen Attila. Er gehört in die Geschichte hinein und spielt sogar eine ganz wichtige Rolle, ob uns das gefällt oder nicht.

Aber eines können wir machen, damit wir uns nicht von der ersten bis zur letzten Seite über ihn ärgern müssen:

Wir fangen das Buch einfach mit jemand anderem an!

Mit Leo zum Beispiel.

Schließlich gibt es über den auch eine Menge zu sagen.

Leo ist ein richtig Netter.

Er hat ein Lächeln, das fast von einem Ohr bis zum anderen reicht.

Er grüßt immer freundlich.

Er hebt den Schnuller seiner kleinen Schwester ungefähr zweihundert Mal am Tag vom Boden auf – obwohl er genau weiß, dass sie ihn gleich wieder ausspucken wird.

Leo ist eigentlich zu jedem nett. Am liebsten allerdings ist er nett zu Nina.

Eigentlich gibt es an Leo wirklich nichts auszusetzen. Außer dass er vielleicht ein bisschen trödelig ist.

Deswegen ist es auch kein Wunder, dass Leo heute in der Schule wieder nur ganz knapp vor dem Läuten auf seinen Platz huscht.

Alle anderen sind schon da.

Wirklich alle?

Nein, Frau Serafin ist noch nicht da. Aber da kommt sie auch schon zur Tür herein.

Hinter Frau Serafin kommt ein neuer Schüler in die Klasse. Er hat ganz helle Haare und sehr viele Sommersprossen im Gesicht.

Frau Serafin legt dem neuen Schüler eine Hand auf die Schulter. Sie wartet, bis es ganz leise ist. Dann sagt sie: „Das ist Attila, euer neuer Mitschüler. Seid nett zu ihm, damit er sich bei uns wohl fühlt!"

Sie schaut sich um und sucht einen Platz für Attila. Am besten neben einem möglichst netten Kind, ist ja klar.

So bekommt Attila den Platz neben Leo. Den, an dem sonst eigentlich Nina sitzt.

„Nina, würdest du dich vielleicht neben Veronika setzen?", fragt Frau Serafin.

Nina nickt und packt ihre Sachen zusammen.

Ob Leo neben Attila sitzen will, fragt Frau Serafin nicht.

Attila lässt sich lautstark auf den Sessel neben Leo fallen.

„Alles Rodscha in Kambodscha?", fragt er.

Dann holt er eine riesige Schreibunterlage aus seiner Schultasche und knallt sie auf den Tisch.

„Mach mal ein bisschen Platz", sagt er und legt sein Federpennal darauf. Dreistöckig, silber und schwarz, mit Star Wars drauf.

Attila zieht die blitzenden Reißverschlüsse auf. Alle drei. Surr, surr, surr.

Im Federpennal sind mindestens vierzig Buntstifte. In mindestens vierzig verschiedenen Farben. Alle ganz neu und lang und gespitzt.

„Oh, toll", sagt Leo.

Attila schnaubt nur. „Meine richtig guten Buntstifte hab ich zu Hause gelassen", sagt er. „Die sind mir für die Schule zu schade."

Leo weiß genau, wie man sich fühlt, wenn man neu ist.

Letzten Sommer war er auf einem Fußballcamp. Die anderen kannten sich schon alle. Sie waren wir eine große, laute Familie und hatten furchtbar viel Spaß. Nur Leo war ganz neu. Und das war wirklich nicht schön. Leo hat gar nicht gewusst, mit wem er reden soll. Und mit wem er sich an einen Tisch setzen soll.

Zuerst hat er sich sogar überlegt, ob er nicht wieder nach Hause fahren könnte. Aber dann ist Clemens gekommen.

„Hallo, Leo", hat er gesagt. „Soll ich dir mal zeigen, wo alles ist?" Und dann hat er Leo über das Gelände geführt.

Beim Abendessen hat er Leo an seinen Tisch mitgenommen und seinen Freunden vorgestellt: Daniel, Lukas und

Matthias. Von da an hat sich Leo keine Sekunde mehr überlegt, nach Hause zu fahren.

Trotzdem hat er nicht vergessen, wie es am Anfang war. Und deshalb hat er sich vorgenommen, es genau so zu machen wie Clemens, wenn bei ihm mal jemand neu ist.

„Soll ich dir mal zeigen, wo alles ist?", fragt Leo in der Pause.

Attila schüttelt den Kopf. „Ich finde schon, was ich brauche", sagt er. „Ist ja nicht schwer in so einer Minischule."

„Minischule?", fragt Leo. „Wir sind doch keine Minischule! Wir haben 216 Schüler und 17 Lehrer!"

Das weiß Leo zufällig ganz genau, weil es auf der Pinnwand neben dem Schultor steht.

Attila grinst. „Sag ich doch, eine Minischule. Du hättest mal meine vorige Schule sehen sollen! Tausend Schüler, hundert Lehrer, fünfzig Klassen!"

„Hm", sagt Leo. So eine riesige Schule kann er sich gar nicht vorstellen.

Trotzdem möchte er gern wie Clemens sein.

„Ich könnte dir unseren neuen Turnsaal zeigen. Der ist echt gut."

Attila schnaubt. „Lieber nicht", sagt er. „In meiner alten Schule hatten wir fünf Turnsäle. Und einen Gymnastikraum, ein Fitnesscenter und ein Schwimmbad. Da wird mich euer Miniturnsaal kaum vom Hocker reißen."

Aber Leo bleibt stur. „Dann vielleicht unsere Bücherei? Die ist sehr schön. Jeden Dienstag können wir uns Bücher ausleihen."

„Pfff", sagt Attila. „Warum soll ich mir Bücher ausleihen? Ich habe zehn Regale voll mit Büchern zu Hause."

„Na gut", sagt Leo schon etwas erschöpft.

Er denkt angestrengt nach, was er Attila noch zeigen könnte. Endlich fällt ihm der Schulgarten ein.

„Wir haben einen coolen Schulgarten", sagt er, obwohl er keine Ahnung hat, was genau am Schulgarten cool sein könnte. „Da haben wir Erdbeeren angepflanzt. Vielleicht sind sie ja schon reif. Sollen wir mal nachsehen?"

„Pah", sagt Attila. „In meiner alten Schule hatten wir ein ganzes Gemüsefeld. Mit allen Gemüsesorten, die es gibt. Und mit Erdbeeren, die das ganze Jahr reif sind. Und daneben hatten wir einen Pferdestall. Und eine Hüpfburg und Kaninchen und einen Hochseilklettergarten."

„Aha", sagt Leo.

Und dann fällt ihm wirklich nichts mehr ein, was er sagen könnte, um auch nur ein kleines Bisschen wie Clemens zu sein.

Es ist nicht leicht, nett zu Attila zu sein. Vielleicht hätte Frau Serafin ihn ja doch lieber neben ein anderes Kind setzen sollen.

Leo ist jedenfalls nicht sehr glücklich mit seinem neuen Sitznachbarn. Außerdem geht ihm Nina richtig ab.

„Was starrst du denn immer zu den Mädchen rüber?", fragt Attila. „Bist du verknallt oder was?"

Leo schüttelt den Kopf. Natürlich ist er nicht verknallt!

„In die blonde oder in die mit der komischen Brille?", fragt Attila.

Leo merkt, wie ihm heiß wird. „Die Brille ist überhaupt nicht komisch", sagt er.

Attila grinst. „Also in die mit der Brille", sagt er. „Gut zu wissen."

In der nächsten Pause geht Attila zu Nina und Veronika. Einfach so.

Er zieht seinen Sessel hinter sich her und setzt sich zu ihnen. „Alles klar auf Sansibar?", fragt er…

Was glaubt ihr?: Kann Attila mit seiner Prahlerei Nina beeindrucken? Und wie wird es ihm bei den anderen Kindern in der Klasse ergehen? In diesem besonderen Buch zum Andersentag könnt ihr das nachlesen: Saskia Hula, Attila, König der Angeber, Obelisk Verlag, Innsbruck-Wien 2011

Saskia Hula

1966 in Wien geboren, unterrichtet als Volksschullehrerin in Wien. Ihr erstes Buch ist 2003 bei Obelisk erschienen: „Romeo und Juliane". Ihm folgten 14 weitere Kindererzählungen, zuletzt: „Eine Herde für Kringelchen". Saskia Hula schreibt humorvoll und witzig, trifft mit ihrer Sprache den Ton ihrer Leser und mit ihren aktuellen Themen auch deren Anliegen.

ILLUSTRATIONEN
Carola Holland

In Berlin geboren, hat es die Grafikdesigerin schon in jungen Jahren nach Wien verschlagen. Seit 1990 illustriert sie Kinderbücher und wurde mehrfach ausgezeichnet. Für Obelisk illustrierte sie u. a. „Katzenmusik" von Renate Welsh und gestaltet die Covers zur CLUB-Taschenbuch- und zur Lesespaß-Reihe.

Brigitte Jünger
Käfersommer

Ich stand auf dem Marktplatz, und die Sonne schien mir mitten ins Gesicht. Ich setzte mich an den Rand des Neptun-Brunnens, tauchte meine Hände ins Wasser und kühlte mein Gesicht.

Ich hatte noch keine Lust, nach Hause zu gehen, in die dunkle Wohnung und zu Mama. Ich wollte lieber in den Zoo zu Papa. Vielleicht hatte er ja tatsächlich schon etwas herausgefunden über die Wohnung, die heute in der Zeitung stand.

Ich sprang vom Brunnenrand und lief schnell zur Straße.

Es war eine breite Straße und die Ampel zeigte Rot. Auf der Verkehrsinsel, die zwischen mir und der anderen Straßenseite lag, sah ich Jo zum ersten Mal! Das heißt, ich sah einfach einen Jungen, der mitten auf der Verkehrsinsel am Boden hockte. Er hatte die Hände schützend um irgendetwas Unsichtbares herumgelegt und betrachtete es. Sein helles Haar leuchtete in der Sonne. Ich hätte zu gern gewusst, was er da in seinen Händen verbarg! Ein Geldstück oder einen gefundenen Brillantring?

Es wurde grün. Jo, von dem ich nicht wusste, dass es Jo war, bewegte sich nicht von der Stelle. Ich lief los, aber als ich an ihm vorbeikam hatte er die Hände so eng um das Irgendwas gelegt, dass ich nicht sehen konnte, was es war.

Mein Gott, ich wollte doch schnell nach Hause, und jetzt sitze ich hier auf der Verkehrsinsel fest. Erst stand ich nur da, weil die Ampel auf Rot gesprungen war, dann sah ich plötzlich etwas kleines Schwarzes auf dem Boden. Im ersten Augenblick dachte

ich, das wäre ein glänzender Knopf, den vielleicht jemand verloren hat. Aber dann bewegte es sich auf einmal. Ich kniete mich hin und sah, dass es ein Käfer war. Schnell hab ich meine Hände drum herumgelegt, denn ich wollte nicht, dass er auf die Fahrbahn läuft. Aber was soll ich jetzt mit dem Käfer machen?
Vorsichtig stehe ich auf und nehme ihn einfach mit.
Jetzt steh ich vor unserer Haustüre und krieg den Schlüssel nicht aus meiner Hosentasche! Ich hab keine Hand frei, denn ich muss ja den Käfer halten.
Glücklicherweise kommt nach ein paar Minuten Herr Siebenhaar aus dem Haus und ich kann hineinschlüpfen. Aber Siebenhaar bleibt stehen und ruft mir hinterher: „Dein Vater sucht dich schon!"
Mein Herz schlägt augenblicklich wie ein kleiner Hammer in meiner Brust. Papa sucht mich? Wieso ist er schon wach? Ich renne die Stufen hinauf und hab vor unserer Wohnungstür wieder das Schlüsselproblem. Egal, wenn Papa wach ist, dann kann ich ja auch klingeln. Vorsichtig drücke ich mit dem Ellenbogen die Türglocke.
Drinnen höre ich Papa grunzen und heranschlurfen. Er drückt nur einmal kurz den Türgriff herunter, die Tür springt einen spaltbreit auf. Den Rest erledige ich wieder mit dem Ellenbogen. Papa steht noch da, direkt bei der Tür und reibt sich mit der Hand durch das unrasierte Gesicht. Seine Haare sind zerzaust und das Hemd hängt ihm halb aus der Jogginghose.
„Papa, geht´s dir gut?"
Er kratzt sich am Ohr und seufzt.
„Schau mal, hab ich auf der Straße gefunden!"
Papa nimmt meine Hand und schaut sich den Käfer genau an. Er rülpst ein bisschen.
„Lucanus cervus", sagt er dann, „ein Hirschkäfer, Familie Schröter. Ist ein Weibchen, aber ein kleines. Ganz schön selten die Dinger!"

„Familie Schröter?"

Papa schiebt meine Hand zu mir zurück, dreht sich um und schlurft in die Küche.

Ich kann mich nicht erinnern, wann Papa zum letzten Mal so viel auf einmal gesagt hat!

„Lass ihn wieder frei!", ruft er aus der Küche.

Den Käfer? Frau Schröter? Aber ... wo soll ich ihn denn hinbringen? Erst mal muss er in mein Zimmer, da ist er sicher. Ich nehme ein paar Autos und stelle sie im Kreis herum auf. Dann setze ich den Käfer mitten hinein.

„Nicht weglaufen, ich komm bald wieder," flüstere ich ihm zu, dann schließe ich die Tür und geh zu Papa in die Küche.

„Hast DU das hier unterschrieben?" Papa sitzt am Tisch und hält die Rechnung des Fernsehtechnikers in der Hand.

„Herr Siebenhaar wollte unbedingt das Sumo-Ringen anschauen!", antworte ich und setze mich Papa gegenüber.

„Schon gut", sagt er, „ich geh gleich noch zur Hausverwaltung. Hast du Mathe auf? Hol mal!"

Ich springe auf und laufe zurück in mein Zimmer. Was ist nur mit Papa los? Will er endlich wieder normal sein? Ich schnappe mir das Mathebuch, es liegt unterm Schreibtisch. Wo ist nur das Arbeitsheft? Ach, da, neben der Heizung!

Jetzt schnell wieder in die Küche.

Papa nimmt das Mathebuch und blättert darin. Ich schlage das Arbeitsheft auf. Schriftliches Malnehmen mit großen Zahlen haben wir gemacht, als ich das letzte Mal in der Schule war.

Papa klappt das Buch zu und sagt: „Das ist ja alles Kinderkram! Ich zeig dir jetzt mal, wie man den Umfang von Quadraten berechnet."

„Den was? ... Äh, das hatten wir noch nicht!"

„Egal, kommt schon noch dran."

„Aber Papa, wir können doch nicht einfach irgendwas machen!"

„Das ist nicht irgendwas, das ist wichtig!", antwortet Papa. „Also, pass auf, man rechnet 2 mal a mal c plus 2 mal b mal c plus ..."

„Aber, ich versteh nicht ..."

„Pass auf, ich erklär's dir, du musst die Flächen ..."

Papa redet und redet und schreibt in meinem Heft herum, aber ich verstehe kein Wort. Ich bin aus der Übung. Doch Papa zuliebe höre ich einfach zu. Als er fertig ist und eine ganze Heftseite vollgeschrieben hat, steht er auf und sagt: „Die nächste Aufgabe schaffst du alleine. Ich geh mal eben zur Hausverwaltung."

„Aber Papa, du musst erst duschen und dich rasieren!"

Papa kratzt sich den Bart. „Meinst du?"

Nach einer halben Stunde kommt Papa zu mir herein und steckt sich die Rechnung des Fernsehtechnikers in die Jackentasche. Ich finde, er sieht gut aus.

Dass es nicht mehr weit war bis zum Zoo, merkte, wie immer, als Erstes meine Nase. Die Bisons hinter der Mauer konnten ja nichts dafür, aber sie stanken!

Die Kassenhäuschen konnte ich einfach links liegen lassen, ich brauchte keinen Eintritt zu bezahlen, sondern ging direkt zum Eingang. Dort stand heute mal wieder das alte Müllerchen. Er arbeitet schon mindestens 50 Jahre hier, sagt Papa. Auf jeden Fall kenne ich ihn schon, seitdem ich ganz klein war.

Als Müllerchen mich sah, hob er erfreut die Arme und rief: „Eddafina, altes Haus, dass ich das noch erlebe, dass du mal wieder kommst!"

Einfach nur Edda reichte ihm nie, es musste schon mein voller Name sein, drunter tat es das Müllerchen einfach nicht!

„Dein Vater ist übrigens gerade rüber zu den Elefanten gegangen, da findest du ihn bestimmt noch." Müllerchen öffnete die kleine Barriere für mich und machte zwinkernd einen tiefen Diener.

Als ich durch das geschwungene indische Tor ins Elefantenhaus kam, hockte Papa zu Füßen der riesigen Elefantenkuh, die in einer Box angekettet war, und tupfte eine rote Flüssigkeit auf ihre graue Haut. Oje, was war mit Shakila los?

Papa drehte sich um. „Hey, Edda, alte Schleichkatze, ich hab dich gar nicht kommen hören! Bist du schon lange da?"

„Gerade erst", antwortete ich. „Was ist mit Shakila?"

„Ach, die hat nur das Nagelbett ein bisschen entzündet, nichts Schlimmes. – Und du? Kommst du direkt von der Schule, ist was passiert?"

„Nö, alles wie immer. Ich dachte nur, vielleicht hast du was rausgekriegt wegen der Wohnung."

„Ach, so ist das, du kannst es wohl kaum erwarten?" Papa klopfte Shakila den Rüssel, und dann gingen wir nach draußen und setzten uns in die Sonne.

„Viel hab ich noch nicht erfahren", sagte er. „Aber von außen sieht das Haus schon mal wunderbar aus. Es ist alt, hat eine schöne Erkerfront und viele Verzierungen an der Fassade. Über der Haustüre begrüßt ein steinerner Kopf die Leute."

„Und bist du auch drin gewesen?"

„Ich hab einfach mal irgendwo geklingelt und auch sogleich die Hausmeisterin erwischt. Sie meinte, die Leute, die hier vorher gewohnt haben, hätten bestimmt, dass auf jeden Fall ein Kind mit einziehen muss."

„Das ist ja perfekt. Ich bin ein Kind!"

Papa strahlte. „Was für ein Glück!", sagte er. „Morgen Nachmittag können wir uns die Wohnung ansehen."

„Meinst du, Mama freut sich?"

„Bestimmt freut sie sich! Sie braucht schon so lange mehr

Platz zum Arbeiten. Und mehr Licht! Die Wohnung liegt übrigens nach Südwesten, das heißt, es gibt den ganzen Tag viel Sonne!"

Ach, das waren so gute Nachrichten!

Eines Tages sitzt Jo neben Edda in der Schule. Sie folgt ihm nach Hause, um mehr über ihn herauszufinden. Und was sie da erfährt, das könnt ihr in diesem besonderen Buch zum Andersentag nachlesen: Brigitte Jünger, Käfersommer, Jungbrunnen Verlag, Wien 2011

Brigitte Jünger

1961 in Köln geboren, studierte Germanistik, Kunstgeschichte und Psychologie. Heute arbeitet sie als freie Journalistin und Autorin für verschiedene Rundfunkanstalten in Deutschland und gestaltet Hörfunkbeiträge, vor allem für Kinder, zu den Themen Musik, Kunst und Religion. Bei Jungbrunnen sind bisher erschienen: „Der Tontsch", „Ferien am Ende der Welt".

Franz Sales Sklenitzka
Die Legende vom Ötscher

Hoch über Wälder und Seen erhebt sich im Süden Niederösterreichs ein mächtiger Gipfel. Seine Schneefelder leuchten an klaren Tagen im Frühjahr oder Spätherbst weit über das Alpenvorland und die Donauebene bis ins Waldviertel. Er gilt als der schönste Berg des Landes: Seine Majestät der Ötscher.

Viele Sagen und Erzählungen ranken sich um dieses uralte Felsenhaupt. In Spuk- und Zaubernächten soll der Berg geheimnisvoller Tanzplatz der Hexen und Teufel sein. Die berühmten Ötscherhöhlen durchziehen das Innere des ganzen Gebirgsstockes wie ein unterirdischer Irrgarten. Dieses riesige Höhlensystem ist bis auf den heutigen Tag noch nicht vollständig erforscht. Irgendwo in diesem Labyrinth von kilometerlangen Gängen, Hallen und Schächten soll sich der sagenhafte Schatz der Witwe Gula befinden, den sie vor fast anderthalb Jahrtausenden in den Tiefen des Ötschers versteckte.

Niemand scheint es bisher wirklich gelungen zu sein, diesen unermesslichen Schatz zu heben. Die Sage weiß allerdings von geheimnisvollen „Erzschmeckern" aus dem

Welschland. Sie haben in alter Zeit angeblich reiche Beute auf ihren Kraxen aus den Ötscherhöhlen geschleppt. Diese Gerüchte müssen vor vierhundert Jahren auch Kaiser Rudolf II. zu Ohren gekommen sein. Was hätte ihn sonst bewogen, eine ganze Expedition auszurüsten und ihr eigens einen Goldsucher mitzugeben? Vergebens. Die Leute kehrten mit leeren Händen aus dem Geldloch zurück an den Kaiserhof nach Wien.

Seither hat so mancher arme Teufel, der von Gold und Geld und einem Leben in Pracht und Reichtum träumte, sein Glück in den Ötscherhöhlen versucht. Du bist also weiß Gott nicht der Erste! Aber die Einzelgänger unter den Schatzsuchern waren genauso erfolglos wie die Leute des Kaisers. Der Berg gibt seine Geheimnisse nicht gerne preis!

Als abschreckendes Beispiel sei hier noch eine Geschichte erwähnt: Ein lebenslustiger junger Bursche kletterte aus Übermut in das Wetterloch. Drei Tage später kehrte er mit schlohweißem Haar und in geistiger Umnachtung ans Tageslicht zurück. Er muss über die Ereignisse im Innern des Ötschers den Verstand verloren haben.

Von einigen anderen Glücksrittern blieb noch weniger erhalten: ein Rucksack, ein Schuh, ein Hut, ein Messer; Dinge, die der Berg oft erst nach Jahrzehnten freigab. Und viele Schatzsucher verschwanden überhaupt für immer im Ötscher, ohne dass man jemals noch etwas von ihnen gesehen oder gehört hätte.

Du bist noch immer entschlossen, den Schatz zu heben? Wie auch immer, man hat dich gewarnt. Das Abenteuer, auf das du dich da einlassen willst, ist nicht gerade harmlos. Und dass es bis jetzt noch keinem gelungen ist, die unterirdischen Reichtümer ans Tageslicht zu schaffen, spricht nicht für dich!

Aber du strotzt vor Selbstvertrauen. Du hast dich gut vorbereitet. Du hast viele Bücher über den Berg gelesen. Du hast aufmerksam gelauscht, wenn Bauern aus Annaberg, Jäger aus Gösing, Holzknechte aus Trübenbach ihre Geschichten über den Ötscher erzählten. Die Einheimischen sind nämlich überzeugt, dass es im Inneren des Berges nicht mit rechten Dingen zugeht. Und eines muss man den abergläubischen Hinterwäldlern schon lassen: Ihre Berichte von den unheimlichen Sagengestalten könnten ängstlichen Gemütern beinahe Bange machen ...

Aber jetzt willst du dich nicht mehr länger von einer Schatzsuche abhalten lassen. Schließlich hast du in deine Vorbereitungen eine schöne Stange Geld gesteckt: Du besitzt eine vollständige Höhlenforscher-Ausrüstung, vom Schutzhelm und vom Overall über die Hand- und Kletterschuhe bis zur Karbidlampe und zu den Spezialwerkzeugen. Du hast einen fünfwöchigen Trainingskurs für Höhlenforscher hinter dir. Vor allem aber: Du bist – was niemand weiß – im Besitz einer Ötscherhöhlen-Schatzkarte aus dem Spätmittelalter!

Deine Gedanken wandern um ein ganzes Jahr zurück. Der alte Mann fällt dir wieder ein ... Die schimpfende Wirtin ... Das entlegene Gasthaus in den Ötschergräben ...

An deinem Nebentisch war ein alter Mann gesessen. Seine Haut war auffallend blass, seine Kleidung seltsam gewesen. Er hatte sich Bratwürste und Bier kommen lassen. Als es ans Zahlen ging, legte er der Wirtin ein paar grünspanige Kupfermünzen auf den Tisch. Die besah sich das Geld näher und wurde stutzig. Dann begann sie den Alten zu beschimpfen, nannte ihn einen Betrüger und drohte ihm mit den Gendarmen. Aber der blasse Mann schien das Gezeter gar nicht zu hören. Es war, als würden die Schimpfwörter der Wirtin einfach an ihm abprallen. Stumm und hoheitsvoll saß er da und drehte die Taschen seines alten Gehrockes um als Beweis dafür, dass er kein gültiges Geld bei sich hatte.

Der Alte tat dir Leid. Du bezahltest seine Würste und sein Bier und wolltest gehen. Draußen vor dem Wirtshaus wartete der merkwürdige Gast auf dich. Ohne ein Wort des Dankes zu sagen, drückte er dir ein abgegriffenes, vergilbtes, brüchiges Stück Papier mit merkwürdigen Linien, Kreisen und Kreuzen in die Hand. Bevor du ihn noch fragen konntest, was das alles zu bedeuten hätte, war er verschwunden!

Auf dem vergilbten Papier konntest du eine Bemerkung entziffern, die in verschnörkelter Schrift abgefasst war:

> *Versuche,
> den Schatz
> im Ötscher
> am Johannistag
> zu heben,
> am Tag der
> Sommersonnen-
> wende!*

* Garantie * Garantie * Garantie *

Es gibt viele Sackgassen und Irrwege im weitverzweigten Labyrinth der Ötscherhöhlen. Und nur ein richtiger Weg führt zum sagenhaften Schatz der Witwe Gula! Abkürzungen sind eher selten. Umwege schon häufiger. Du wirst auf Fallen und andere Hindernisse stoßen, unheimliche Fabelwesen und merkwürdige Sagengestalten werden dir immer wieder begegnen und dafür sorgen, dass deine Schatzsuche nicht eintönig verläuft. Es kann – und das muss spätestens an dieser Stelle gesagt werden – jederzeit geschehen, dass du unterwegs von Waldschraten und Druden belästigt oder von einem Gölsentaler Teufelshasen angefallen wirst. Aber auch Schlimmeres ist denkbar: Möglicherweise triffst du einen Riesen, der dich als willkommene Abwechslung auf seiner Speisekarte betrachtet! Ebenso gut könnte es sein, dass dir ein zentnerschwerer Felsbrocken auf die Zehen kracht, dass du – unabsichtlich, versteht sich – in einen eiskalten unterirdischen See plumpst oder schlicht und einfach versteinerst, die nächsten zwanzigtausend Jahre sozusagen als Tropfstein dein Dasein fristest. Lass dich nicht entmutigen! Mit solchen unangenehmen Zwischenfällen müssen Höhlenforscher und Schatzsucher nun einmal rechnen – und fertig werden! Wenn nicht im ersten, dann im zweiten, dritten oder vierten Anlauf. Oder im zweiundfünfzigsten. Also, auch wenn es nicht danach aussieht: Die Schatzsuche lässt sich erfolgreich zu Ende bringen! Dafür garantieren wir. Wir, die guten Berggeister im Ötscher. Herz- und Steinschlag! Äh ... wie heißt das nur? Hals- und Beinbruch! Du wirst es brauchen!

AUFGEPASST!

Solltest du zu einer Würfelstation kommen und keinen Würfel bei dir haben, kannst du dieses Buch als eine Art Daumenkino benützen. Das geht so: Du lässt die Buchseiten unter deinem Daumen rasch durchlaufen und hältst bei irgendeiner Seite an. Das Würfelbild auf dieser Seite zeigt dir die Augenzahl, die du »gewürfelt« hast.

Das Spiel kann beginnen!

Der steile Anstieg zu den Höhlen zieht sich endlos in die Länge an diesem Sommertag. Es ist schwül. Keuchend wischst du dir den Schweiß von der Stirn und stellst den schweren Rucksack ab. Du hast eine Rast verdient. Der blau markierte Weg über den sonnigen Südhang des Ötschers ist äußerst beschwerlich. Ein Blick auf den Höhenmesser: 1400 Meter! Wald und Buchengestrüpp bleiben hinter dir zurück, nur noch Krummholz begleitet dich auf dem steinigen Steig, der sich jetzt nach Osten zu den Wandabstürzen wendet und am Fuß der Felsen weiterführt. Du setzt deine Schritte vorsichtiger. Ein Fehltritt – und du würdest die steilen Rasenhänge und Schutthalden zu deiner Rechten

Hunderte Meter weit hinunterrodeln. Auf dieses zweifelhafte Vergnügen verzichtest du besser. Es könnte dich Kopf und Kragen kosten!

Der Weg zum Schatz im sagenhaften Ötscher verläuft abenteuerlich, setzt die Schatzsucher ungeahnten Gefahren aus und führt nicht einfach zum Ziel. Ihr entscheidet selbst bei jeder Wendung, wie es weitergeht. Dieses besondere Buch zum Andersentag ist ein spannendes Spiel- und Leseabenteuer: Franz Sales Sklenitzka, Der Schatz im Ötscher. Ein interaktives Fantasy-Abenteuer, Nilpferd im Residenz-Verlag, St. Pölten 2012

Franz Sales Sklenitzka

1947 geboren, unterrichtete viele Jahre an einer Volksschule in Wilhelmsburg in Niederösterreich, wo er auch lebt. Heute arbeitet er freiberuflich als Schriftsteller, Grafiker, Illustrator, Hörspiel- und Schulbuchautor. Seine Bücher wurden vielfach übersetzt und ausgezeichnet.

Markolf Hoffmann
Ines öffnet die Tür

Als Ines die Tür zum ersten Mal sah, hatte sie das eigenartige Gefühl, dass diese sie ebenfalls anschaute.
Natürlich hatte die Tür keine Augen. Sie war nur eine alte knorrige Tür, aus einem Holz, so dunkel wie Bitterschokolade. Sie hatte auffällige, verschnörkelte Verzierungen und eine Klinke aus Messing, die einem Widderhorn glich. Es gab also nichts, womit die Tür Ines hätte anschauen können.
Und doch: Seit Ines im Flur stehen geblieben war, hatte sie das ungute Gefühl, beobachtet zu werden. So wie man nachts aus dem Schlaf aufschreckt und in der Finsternis jemanden – oder etwas – spürt. Etwas, das einen anstarrt, aber stets verschwindet, wenn man das Licht anknipst.
Dieses Gefühl ließ Ines nicht los. Sie stand vor der Tür, betrachtete den Widderhorngriff und die Maserungen im Holz und fragte sich, was das wohl für eine Tür war. Nicht nur, dass sie sie anblickte. Nein, Ines war auch felsenfest davon überzeugt, sie nie zuvor gesehen zu haben. Sie hätte schwören können, dass die Tür nicht in der Wand gewesen war, als sie vor zwei Minuten den Flur durchquert hatte.
Vor zwei Minuten war Ines auf dem Weg in die Küche gewesen, um ein Glas Apfelsaft zu holen. Das Glas, der Apfelsaft und die Küche gehörten Oma Agnes. Ines und ihre Familie waren gerade zu Besuch bei ihr. Das kam selten vor.
Oma Agnes wohnte in einem Dorf, eine Autostunde entfernt von der Stadt, in der Ines lebte. Ihr Haus war urig, mit knarrenden Dielen, einem finsteren Speicher und jeder Menge verrückter Sachen, die in der Gegend herumstan-

den. Da gab es eine Kleiderpuppe mit Drahtgliedern, an denen ein mottenzerfressenes Rüschenkleid hing. Da gab es die Statue einer Tänzerin, die mit trauriger Miene eine Pirouette auf ihrem Sockel drehte und immer so aussah, als würde sie gleich losheulen. Es gab eine Schatulle aus getöntem Glas, in der Broschen und Silberringe lagen – die man aber nicht herausnehmen konnte, da sich die Schatulle an keiner Seite öffnen ließ. Und an den Wänden hingen nostalgische Plakate, auf denen Männer mit weißen Handschuhen Karten spielten, Frauen an Hauswänden lehnten und Zigarillos rauchten oder Schimpansen im Frack Cocktailgläser servierten. All dies war in Kreidefarben gemalt und mit blumigen Schriftzügen versehen, etwa Club Extravagance oder Café Kopflos.

Das waren nur einige der Merkwürdigkeiten, die es bei Oma Agnes zu bestaunen gab. Ihr Haus war ein Hort der Wunder und Geheimnisse, und für Ines und ihren Bruder Julian war jeder Besuch ein Abenteuer. Leider kam dies, wie gesagt, selten vor. Ihre Mutter mochte Agnes nicht besonders, und das Haus war ihr zu düster, zu staubig und zu unheimlich.

„Der ganze Krempel, der da herumsteht", sagte sie, wann immer das Gespräch auf das Thema kam. „Das ist weder sauber noch ästhetisch noch ist es etwas für Kinder. Wie kann man in einer solchen Rumpelkammer leben? Und wer weiß, was Agnes noch so alles hinter verschlossenen Türen aufbewahrt."

Das fragte sich Ines in diesem Augenblick auch, während sie die Tür anstarrte. Die Tür, die eben noch nicht da gewesen war, als sie durch den Flur gegangen war. Wie konnte sie die nur übersehen haben? Und was mochte dahinter sein?

Neugierig spähte sie durch das Schlüsselloch. Das Licht

auf der anderen Seite war schwach. Ines konnte den Schemen eines Sessels erkennen und ein pulsierendes Glimmen, wie von einer Laterne. Die schwarze Lehne des Sessels glänzte in dem Licht wie Pantherfell. Und dann – Ines hätte vor Schreck fast den Apfelsaft fallen lassen – erlosch das Glimmen, und ein zischenden Geräusch erklang hinter der Tür, so als ziehe jemand scharf die Luft ein.

Irgendjemand ist da drinnen, dachte Ines. Aber wer? Agnes lebt doch allein. Vielleicht ist es ihre Katze ... nein, die lag im Wohnzimmer auf dem Sofa und schlummerte. Und wie sollte sie bitte schön durch eine verschlossene Tür kommen?

Ihr Herz schlug etwas schneller – teils aus Angst, teils aus Neugier. Hinter der Tür war nichts mehr zu hören, selbst dann nicht, als sie das Ohr an das Holz presste.

Kein Geräusch. Gar nichts.

In einem Gruselfilm, dachte Ines, würde das Mädchen nun die Klinke herabdrücken und nachsehen, ob ein Monster oder ein Killer hinter der Tür lauert. Und was passiert dann? Das Monster frisst sie, der Killer greift sie an. So ist es immer.

Aber obwohl sich Ines für wesentlich klüger als die Mädchen in solchen Filmen hielt, legte sie doch die Hand auf die Klinke und drückte sie ganz vorsichtig nach unten. Nur um zu sehen, ob sich die Tür vielleicht öffnen ließ ...?

Es war abgeschlossen. Pech gehabt!

Also gut, dachte Ines. Geht mich ja auch nichts an. Ich schnüffele doch nicht in Omas Sachen herum. So bin ich nicht. Ich wollte ja nur einen Blick in das Zimmer werfen.

Sie nippte am Apfelsaft und starrte auf die verschlossene Tür. Und die starrte zurück. Ohne Augen, wohlgemerkt. Ihr Blick war ein wenig spöttisch.

„Schau nicht so blöd", murmelte Ines. Und dann sagte

sie, mehr zu sich selbst: „Was mache ich hier eigentlich? Rede ich tatsächlich mit einer Tür? Ich bin ja verrückt."

Kopfschüttelnd wandte sie sich ab und ging über den Flur, ohne sich umzublicken.

„Hast du den Apfelsaft gefunden? Den trüben aus der Karaffe?"

Ines nickte und stellte ihr Glas auf dem Couchtisch im Wohnzimmer ab. Ihr Vater legte die Zeitschrift beiseite, in der er gelesen hatte.

„Er ist unglaublich lecker", schwärmte er. „Ein Bauer aus dem Dorf presst ihn aus seinen eigenen Äpfeln. Als ich klein war, habe ich ihn in einer Kanne geholt und frisch getrunken."

Die ganze Familie war im Wohnzimmer versammelt. Julian spielte auf dem Teppich mit seinen Playmobilfiguren, ihre Mutter stand am Fenster und spähte in den Garten. Draußen windete es stark. Nur Oma Agnes fehlte. Dafür lag ihre Katze auf einem der Sofakissen, mit geschlossenen Lidern.

„Warum hast du mir nichts mitgebracht?", fragte Julian und blickte gierig auf das Glas.

„Ich hab dich dreimal gefragt! Du wolltest nicht."

„Wollte ich doch …"

Ines verdrehte die Augen. Manchmal war ihr kleiner Bruder verdammt anstrengend.

„Julian hat genug Süßes gehabt", meldete sich ihre Mutter. „Vorhin die Cola und am Morgen das Schokoladenmüsli. Das reicht ja wohl an Zucker."

„Sei nicht so streng, Carmen", verteidigte ihr Vater den Jungen. „So oft besucht er seine Oma ja nicht. Da ist ein wenig Näscherei ja wohl erlaubt."

„Es ist ungesund, Veith! Und Julian war eine Woche krank. Da braucht man keinen Zucker, sondern frische Luft und Bewegung. Ein Spaziergang würde uns allen nichts schaden. Der Wind ist schwächer geworden, und wenn Julian seine Ohrenschützer trägt ..."

„Ich hasse die Teile", beschwerte sich Julian. „Die sind so was von hässlich und kratzig ..."

„Du musst sie aber anziehen, wenn du rausgehst", sagte seine Mutter.

„Ich will ja gar nicht raus! Draußen ist es viel zu kalt ..."

Auch Ines fröstelte es bei dem Gedanken, spazieren zu gehen. Obwohl es Mitte Mai war, hatte es der Sommer in diesem Jahr nicht gerade eilig.

„Will mich denn niemand begleiten?" Carmen drehte sich mit elegantem Schwung um, so wie sie es früher auf der Bühne gemacht hatte – damals, als sie noch an der Oper gesungen hatte. „Was ist mit dir, Veith?", fragte sie ihren Mann. „Willst du etwa auch den ganzen Tag in dem muffigen Haus herumgammeln?"

Veith schwieg. Er mochte es nicht, wenn seine Frau über das Haus herzog. Dies war das Haus, in dem er aufgewachsen war, in dem er jeden Winkel kannte. Carmens Worte kränkten ihn.

„Wirklich niemand?" Carmen strich enttäuscht ihre dunklen Locken zurück. „Was seid ihr nur für Stubenhocker!"

Dann aber bekam sie doch eine Antwort.

„Ich begleite dich, Carmen. Eine Runde um den See ist jetzt genau das Richtige, Wetter hin oder her."

Im Türrahmen zum Flur stand Agnes. Sie lächelte verschmitzt, sodass sich die bronzene Haut um ihre Mundwinkel zu zahlreichen Fältchen und Grübchen kräuselte. Ines fand, dass Agnes für ihre fast achtzig Jahre sehr hübsch, ja auf geheimnisvolle Weise jung geblieben war. Sie hatte so gar nichts Großmütterliches an sich. Ines kannte auch keine andere Oma, die sich so auffällig schminkte, eng geschnittene Kleider trug und verrückte Ohrringe anlegte. Ja, Agnes war etwas Besonderes. Und durch ihr Alter strahlte sie eine Würde aus, die Ines bewunderte.

„Wir können zu den Fischstegen laufen. Sie haben da letzte Woche eine alte Reuse aus Weidenholz aus dem See gezogen, sicher hundert Jahre alt. So etwas sieht man nicht alle Tage."

Julian legte seine Playmobilfiguren zur Seite. „Was ist eine Reuse?"

Agnes lächelte. „So etwas wie eine Mausefalle, nur für Fische. Sie schwimmen hinein, aber kommen nicht mehr heraus. Du kannst ja mitkommen, Knirps, und sie dir anschauen." Sie zwinkerte Ines zu. „Du natürlich auch."

Carmen hatte die Augenbrauen hochgezogen. Es schmeckte ihr gar nicht, dass Agnes die Sache mit dem Spaziergang in die Hand genommen hatte.

„Ich bin dabei", rief Julian und sprang auf.

„Ich auch", sagte Ines schnell.

Sogar Veith raffte sich vom Sofa auf.

Carmen drehte sich wieder zum Fenster. Sie war enttäuscht, und irgendwie konnte Ines das verstehen. Aber es macht eben einfach mehr Spaß, wenn Agnes dabei ist, dachte sie. Agnes ist einfach die coolste Oma, die es gibt.

In diesem spannenden Fantasy-Roman geht es um eine geheimnisvolle Tür, einen Raum, der Wünsche erfüllt, und vier Regeln, die man besser nicht verletzen sollte, wenn man den Raum betritt. In diesem besonderen Buch zum Andersentag erfährst du mehr: Markolf Hoffmann, Ines öffnet die Tür. Ein Fantastischer Jugendroman, Verlag Carl Ueberreuter, Wien 2012

Markolf Hoffmann

1975 in Braunschweig geboren, studierte Geschichte und Literaturwissenschaft, lebt und arbeitet als freier Autor in Berlin, seine Werke wurden mehrfach ausgezeichnet. Am bekanntesten ist seine vierbändige Fantasyreihe „Das Zeitalter der Wandlung". Hoffmann schreibt Kurzgeschichten, Romane und Drehbücher.